내 안의 또 다른 나

마음시 시인선 13

내 안의 또 다른 나

이도하 시집

마음시회

시인의 말

세상이 아프다.
누구나 아픔을 감추고 싶은 부분이 있다.
나는, 시를 쓰고 문학을 접하며 어두운 내면과
마주할 수 있는 사랑과 용기를 배웠고 승화시켰다.
핍진성. 극복이 가능하다면 용기를 가지고
맞서야 하지 않을까, 따스하고 긍정적으로.

이제 나는 세상에 따스한 손을 내밀고 싶다.
견뎌내는 일이 삶이며, 용기를 내는 일이 결국
나를 사랑하고, 이웃을 사랑하고, 세상을 사랑하는
힘이라는 것을 시와 문학으로 다가서고 싶다.

2025년 11월
이도하

차례

시인의 말 005

제1장 사랑이 온다

나는 너에게 013
별빛 아래에서 014
가로등 015
달 그림자 016
새벽이 오면 017
그렇게 익는 거야 018
코스모스 019
울타리 020
너라는 별 하나 021
비 022
물안개 023
등대 024
별리 025
꽃비 026
갈대의 노래 027
일기예보 028
꽃과 비 029

제2장 마음의 산책

남겨진 꽃잎 033
바람개비의 꿈 034
폭풍우 035
산책1 046
산책2 036
겨울 호수의 그림자 040
낙엽의 시간 041
행여 그대 만날 수 있을까 042
나도 풍경이 되어 043
비 오는 거리 044
기억들을 사랑으로 이어서 045
한 계절의 추억이 흐르고 046
윤슬 위를 나르는 새 047
인형 048
나를 위로하는 날 049

제3장 내 안의 또 다른 나

고슴도치 053
다시 태어나기를 054
밤 055

불타는 검은 꽃을 보았네 056
무대_환각 058
무대_공황장애 060
롤러코스터_양극성장애 062
골든타임 064
불면증 065
청소_강박증 066
어항 속 금붕어_어둠에 갇힌 고독 068
연극 070
침묵의 방 071

제4장 이별 그 뒤

마지막 잎새 075
착각 076
목련 078
멀어지는 그대를 보며 080
섬 081
각인 082
지금 그대는 084
원하고 원망하고 085
사랑 086
대답 없는 날들 087
흔적 088
아름다운 아픔을 느끼며 089

그대라는 별 090
사랑의 시작은 외로움 092
외줄 타기 093

제5장 함께 한다는 것

구절초 097
햇살 098
달팽이 099
빗속의 장미 100
가을의 뜨락에서 101
고목 102
봄날의 호수 104
겨울 자작나무 숲에 서서 105
함께 한다는 것은1 106
함께 한다는 것은2 107
안개 속으로 108
가을 수채화 109
아침 110
유년의 꿈 111
자작나무 숲에는 그리움이 있다 112
비상 113

시인의 산문 115

제1장
사랑이 온다

먹구름뿐 보이지 않지만
당신, 반짝이고 있겠죠
틀어막고 있는 눈물샘은 왜 두 개뿐일까요

나는 너에게

꽃은
잎이 있어야 피어나네

긴 어둠 견뎌내 새벽녘
방울방울 이슬 모으는 것은

타는 뙤약볕 온몸으로 받아
한 점 푸르름으로 남은 것은

말라 비틀어져 떨어질 때까지
행여 한눈팔지 않는 것은

오직 너
꽃 한 송이 피우기 위함이니

별빛 아래에서

밤을 걷어낸
나의 나침반에는
시린 칼바람이 휙 지나갔지
발목을 잡히지도 않았는데
언제나 그 자리를 돌고 있어
작은 새 한 마리가
가슴속에 들어왔어
나는 새의 눈이 되어 보았지
윤슬이 빛나는 호수를 떠올렸어
또 다른 우주의 문을 여닫는
징검다리를 상상했지
날이 선 내 눈빛은
봄눈 녹듯이 녹아내렸어
깊은 밤 사이
내 안의 그 새 한 마리
수면 위로 떠오른
달그림자 밟았을지
무척 궁금해

가로등

열쇠는 그대에게 있었다
늦은 밤이면 행여 찾을지 모르는
발걸음 소리

그대가
가로등 아래서 서성이며 헤맬까 봐
창문 반쯤 열고 자야 했었다

나는 베갯잇 적시는 눈물로
당신은 말 못하는 눈물로 왔다가는
눈물밖에 줄 수 없는
가난한 사랑으로

가로등은
밤을 새우는 숱한 영혼들을 보며
얼마나 많은 사연들을 지켜보았을까

달그림자

강물 위로 달이 비춘다
강가에 내 몸 적시면 달빛 잡을 수 있을까?
강가를 건너면 달빛을 건널 수 있을까?
밤이면 빛나는 달을 보며 잠을 청한다
볼 수 없는 그대
저 하늘 달처럼 환한 그 얼굴 그려보네
강에 비친 달을 보며 나 항상 그대 그리워했네

어둠이 짙어질수록 달빛이 환해지면
비치는 달그림자는 이내 마음
언제나 저 달과 함께 포개어
하나 될 수 있을까?

달빛 따라서
그림자 가는 곳 따라서
내 마음이 서럽기만

감히 그대를 품겠다 했네

새벽이 오면

밤하늘을 보기 위해
창문 반쯤 열어놓습니다

눈이 밝아지고 귀가 밝아지는
반짝이는 별들이 가슴속에 살고 있다는
그 흔한 노래 가사가 흐르는

오늘은 시커먼 먹구름뿐 보이지 않지만
당신, 반짝이고 있겠죠

틀어막고 있는 눈물샘은
왜 두 개뿐일까요

새벽이란 시간
삶의 고단함으로
에너지가 가장 낮아지는 시간

오늘이란 밤은 늘 고비입니다

그렇게 익는 거야

흔들리며 사는 거야
꺾이지 않게
훠이, 훠이
바람이 심술궂게 불 때
무릎 한 번 더 굽히고
허리까지 굽혀가며
나를 숙일 줄 아는 거야
그래 그렇게 익어가는 거야
가을 파란 하늘에
점점이 하얀 구름 날 때
옹골찬 열매 맺어보는 거야

코스모스

들길 한 모퉁이
외로운 들꽃 무리

한 계절 다 가도록
그려보던 그대 생각을
말로는 전하지 못해
몸짓으로 보낸 추파

알아줄 이도 없는
하늘을 향해 하늘하늘
고갯짓

울타리

노을이
하얀 담벼락에
불씨 한 알 내려놓았다
찬바람 불기 전에
울타리 쳐야 하겠다
햇살이 이글이글 타고나면
갈대 같은 마음의 심지에
노을처럼 옮겨붙어
아직은 덜 익은
담쟁이 파란 이파리
빨갛게 태워 버릴지 몰라
가을이 까만 아스팔트 길바닥에
뚝뚝
떨어질지 몰라
타버릴지 몰라

너라는 별 하나

까맣게
타들어 가는 마음
가슴을 데인 것 같은 아픔
그대가 나를 떠난 이유만은 아니다
버려진
세월의 곁에서
쉬었다 간 가슴의 뜰 안에
붉은 노을 머무는 곳
가슴속 맺힌 열매들이
메아리로 울리고 있기 때문이다
흔들림도 없이 감당해내는
보이지 않게 반짝이는 별 하나
가슴 속에 살기 때문이다

비

새벽부터
봄비가 끝도 없이 내리네
눈물을 쏟아내네
잠 못 이뤄 뒤척이는 나를 깨워
사색으로 몰아넣고
처마 끝에 매달리며
창문을 두드리는 애잔한 음률
어둠의 장막에서 이어지는 빗줄기
끊어질 듯 이어지는 변주곡 되어
여린 듯 강해지고
느린 듯 빨라지는
깨어있는 이를 위한
봄이 향연을 더욱 애태우는
미명의 울음
후드득 똑똑
먹먹한 속마음 달래는
창밖을 흐르는
풍경소리

물안개

빗소리마저 머금은
하얀 물안개여
우산도 없이
나는 네 안에서 서성인다
여명이 트면 어디로 사라지려나
바람이 부는 곳 저 어디
하늘이 사랑하는 것들은
한결같이 가난하느니

오래 머물지 않고
흔적도 없이 자취를 감추네

등대

당신은
먼 이국의 해류를 타는 출렁이는 파도 같아요
시류의 비닐을 달고 출렁이는 해초 무리가
옆구리를 간지를 때
꼬리지느러미 흔드는 물고기 떼들이
내 몸을 스쳐갈 때에도

시퍼런 바다 위 약해진 근육 심해 깊숙이
뿌리내린 나무의 주검처럼
어둠 속으로 멀어져 가는 당신의 모습을
나는 그저 바라봅니다

밤을 새워 충혈된 눈
길을 밝혀온 가로등처럼
당신이 어디까지 밀려갈지 모르겠지만
때가 되면 밀물처럼 다시 밀려오겠죠

쓰라린 애증이 되기 전까지
늦지 말아요

별리

마지막 꽃잎이 떨어지면
꽃잎의 흔적이 남아 있을 때까지
그리워 할 것 같다
하늘 아래 내리는 모든 것들은
별처럼 빛나는 흔들림 속의 왈츠
소복히 쌓인 꽃잎 위로
내려앉은 수많은 사연들
환한 하늘 가운데 별 하나
손끝이 시려오는 날
한해를 살아낸 붉게 물든 사연들

작은 별이 되어 다시 올 때까지
삭막해진 마음에 봄기운을
미리 불어 넣으려고

꽃비

봄이 오면
벚꽃이 날리더라
발등에 꽃잎을 두고 가더라
내 마음과 이어지니
인연이더라
꽃비가 날리면
나는 마음 잃은 사람이 되더라

괜찮다
괜찮다

난 다시 살 테니까
넌 다시 올 테니까

갈대의 노래

바람의 소리에
귀 기울이는 갈대
가본 적 없는 동녘 땅
맘속에 품어본 노스텔지아
바람이 전하는 이야기로
채워보는 편지지
머무는 순간 바람이 아니고
흐르지 않으면 물이 아니듯
가둬진 기억 추억이 못되고
편지지에 고여버린 그리움
갈대의 소리에
귀 기울이는 바람
머물지 못하고 떠나야 했던
추억으로 남겨진 바람 향기

일기예보

산허리를 휘감은 안개
밤새 쌓인 하얀 그리움의 색
구름 타고 내려온 하얀 도화지에
화살 같은 손끝 붓질의 시작이다

봄을 그리고
여름을 그리고
붓끝으로 묻어나는
가을비도 그린다

붓질의 끝자락 하얀 도화지 위로
희미한 너의 발자국이 걸어서 온다

순간, 왈칵 터지고 마는 눈물

강한 붓 터치
우산으로도 가릴 수 없는
일기예보였다

꽃과 비

흠뻑 젖어듭니다
밀어낼수록 젖어드는 당신
나를 부둥켜 안으니
마음과 마음이 스며들어요
하루가 지나면
수직으로 길은 나겠죠
나는 하늘 향해 고개를 들고
당신은 대지에 스며들 테니
밤을 지새운 우리 사랑의 속삭임들
태양 아래 잠이 들겠죠
멈추지 말아요
시간의 수레바퀴 아래서
살아가는 우리들이니

제2장
마음의 산책

비처럼 마음이며 흐르는 것에는
다 이유가 있단다 무서울 것 없단다
펑펑 울어라

남겨진 꽃잎

오늘은
꽃잎이
한 잎 두 잎 떨어졌다

꽃 전체가
툭 하고
떨어져 버리질 않으니

참 고맙다

바람개비의 꿈

내 마음속 바람개비가 있다면
마음에 드리워진 커튼을 걷어낼 때마다
마법을 부려봤으면 좋겠습니다

고운 마음은 뿌리내리고 싶고
아픈 마음은 바람에 날려 보내
흘러가는 대로 보내고 싶어요

빈 허울 벗어던지고
공중에 떠 있는 세상
벌거벗은 몸처럼
훨훨 가볍게

가슴에 남겨진 것만
아름답도록

폭풍우

일주일째다
별일도 아닌 일로 당신과 다투고 나서
내가 먼저 사과해야지
몇 번이나 다짐하면서도
전화기를 들었다 놨다 반복하기를 여러 번
마음속에서 등을 돌리고 살고 있다

서로를 미워하지는 않지만
서로를 부정하려 애쓰지는 않지만
지평선, 저 너머에서 밀려오는
폭풍우

좀처럼
사그라지지 않는

산책1

아침 일찍 성지순례처럼
무거운 몸을 이끌고 개울가로 걸었습니다
흰 구름에 연둣빛 물감이 스폰지에 스며든 것처럼
들풀들은 녹 빛의 숲을 이루고 있습니다
개울가의 또랑또랑 물 흐르는 소리가 귀를 맑게 합니다

들풀 숲속에는 감자처럼 주렁주렁 달린 꽃잎들이
한 잎씩 모이고 모여 아름다움을 한껏 뽐내고 있습니다

나비 한 마리가 눈에 들어오네요
쉬쉬하며 다가갑니다

이곳에 살기 위해 온 거냐고 물었습니다
숲속에 홀로 서 있는 나처럼 말이죠
암초와 건물 사이가 떠오르는
건물과 건물의 차가움 사이가 싫어서 떠나온 모습

들풀 숲과 꽃잎 사이로 날갯짓하는
나비의 춤은 흐느적거리는 해초 같습니다
바다가 그리운 것은 아닐까 생각이 스칩니다

들풀 숲속 고운 꽃잎 사이로
살랑살랑 날갯짓 낯설지 않은 몸짓의
너의 이름은 무얼까?

날아라 흘러가라 솜털처럼 가볍게
바람의 강약에 겁먹지 말고 떠밀리지 말고 날아라
꿈속에도 너를 잡을 잠자리채를 들고 올지라도

산책2

나비의 한 계절이 지나갑니다
여름 색 짙어가는 비가 연실 내렸어요
새삼스럽진 않았어요
신경쓰지 말라고 속삭여놓곤
늘 치마 끝자락을 적셔놓았으니까

아무 일 없다고 해요
저 혼자 깊어지는 게 병이라고
난 피식 웃어요. 쓴웃음으로

뜨거운 여름을 식혀주는 비는 유독 차갑습니다
붉게 익어 가는 순간마다
멈출 수 없는 수레바퀴의 노래들이 들려요

오늘도 물빛이 피어오르는 거리를 걷겠죠
비 비린내 진동하는 시간을 보내며
젖지 않으려 바쁜 날갯짓을 하며
지나가는 한 계절의 잡담들에게 말할래요

잠시 멈추어도 괜찮아

예고 없이 내리는 비는
좀체 돌이킬 수 없는 병사 같은 일입니다
젖어 든 날개 비를 맞아 돌이킬 수 없이
무겁게 젖기 때문입니다

늦은 귀가만 아니길 스스로 약속할게요
봄보다 짧을 가을이 곧 올 테니까

겨울 호수의 그림자

살이 수면으로 빠져 들어가
한 폭의 산수화에
노을빛 물을 들이면

붉게 타는 태양을 건져보려고
갈대는 어부처럼
호숫가에 그물을 치고

호수는
쏟아지는 노을에
머리를 감고

나는 해가 질 무렵
밤으로 가는 길목에 까만 점으로 남아
돌덩이처럼 무거운 침묵이 된다

노을 드는 겨울
호수에 서면

낙엽의 시간

외로운 떠돌이로
얼마나 더 멀리 밀려가야 하는지
하얀 깃털 세우고 바람불러 세우고
어디에도 뿌리내리지 못한
마른 갈대로 해체돼 가는
영혼

여름내 써두었던 초록빛 아픔들을
삶의 긴 이야기를 바람이 쓸어만 가네
아픔은 중요하지 않다며 밀려오는 겨울
치유되지 않는 멍든 상처로
내 안의 불꽃을 태우며

끝내 누구를 위한
삶일까?

행여 그대 만날 수 있을까

오래된 약속들이
무너지고

그대 떠난 길로 발길 돌려
무작정 나서는 길

쏟아지는 꽃비 속을
걸어서 갔지
타박타박 걸어서 갔지

꽃비를 맞고
꽃비를 맞고

나도 풍경이 되어

눈이 시리도록 푸른 밤
바다 앞에 선다

소리 없이 고요한 밤바다
별들은 구름떼처럼 잔물결을 일으키고
바다 내음 아련한 향수되어 코끝을 스친다

모래 위에 아슬하게 서 있던
낡은 의자 위로 꼭 잡고 있던 두 손위로
슬며시 포개고 앉은 봄날의 햇살처럼
바다 위로 별들이 쏟아져 내린 밤

고개를 젖히고 닿는 시선의 먼 끝에
촉촉해진 얼굴 돌려 열어본 기억의 상자
어느덧 한 폭의 그림이 되어가고 있네

나도 어느새
풍경 한 폭으로 채워진다

비 오는 거리

비 내리는 거리를 걷는다
줄지어 선 가로수 잎새들에
맺힌 빗방울이
가슴 속 작은 호수에 내려
출렁이는 작은 파문 같다

눈물이 비처럼 내리고
조각난 상념들이
가슴을 휘감는다

아스팔트 길 차량 행렬이
물보라를 일으키면
멈추려 해도
마음은 저만치 멀어지는데

거리를 적시고 온몸을 적신 채
꾸역꾸역 걷는다
보일 듯 보이지 않는
너의 곁으로

기억들을 사랑으로 이어서

그대가 아파서 지우고
비워서 살아낼

우리 모두의 다듬어 가는 삶은
보석과도 같기에

가슴속 가득 채워가는
그런 삶 되어가기를

하늘 아래 구름도
대지 위의 풀잎도
연못 위의 연꽃도
한가득 모두 담을 수 있게

미소로
그리고 정으로 채색한
보듬어 가는 삶은
보석처럼 빛나리

한 계절의 추억이 흐르고

붉게 물들어가는 가을
잎새들이 바람에 흔들리네
빛바랜 이파리들이 저물어가는
낙엽 밟는 소리만이
바스락거리는 영혼의 울음 같다

푸른 하늘 아래로 흐르는
강물 위 구름이 비친 하얀 캔버스 위로
그리움의 편지를 띄우네

성근 나뭇가지 사이로 드러난 하늘과
한 생애를 마친 고독의 이별 뒤에도
다시 봄은 찾아올 거라는 편지를

가을 한 줌의 추억이 쓸쓸하게도 하지만
밤이면 시린 마음 오색 단풍으로 물든
그대라는 추억 속 별빛이

오늘 밤 내게
쏟아질 것 같다

윤슬 위를 나는 새

새벽안개 하얀 연기를 품어내는 시간
팍팍한 가슴 안고 상공을 오른다

속울음의 울림과 들려오는 새의 음율
첫 디딤 파문도 없이 몸짓으로 말한다

바람을 등에 업고 새는 날아오른다
그리움일까?

떠남은
다시 돌아오리라는 약속처럼

반짝이는 윤슬 위로 새의 날갯짓이
고요히 서 있는 내 마음을
적셔놓고 떠났다

나는 그 답을 얻고 돌아온 걸까?
새소리로 부르면
메아리가 답이나 할까?

인형

인형놀이를 했어요
인형은 주인을 기다리기보다
자리 지키는 것이 중요했어요

사방이 유리 벽으로 둘러싸인 가벼운 변명들
텅 빈 주머니에 손을 감추죠

언젠가 자리에서 끌어내 옷을 벗기고
원치 않던 다른 옷을 입혀 놓겠죠
또 언젠가 창고에 누워
먼지를 덮은 채 살아갈 수도

있던 자리가 없어진다는 건
흔적 없이 사라지는 일

그 인형
입고 있던 옷은
기억이나 할까요?

나를 위로하는 날

기차길 옆 근처를 자주 걷곤 해
소음이 고맙게 느껴지거든

길게 늘어뜨리는 한숨 소리
아이같이 훌쩍거리는
소음과 먼지가 휘감아 올 때
난 바람소리에 휘감겨지지

그게 참 고마워

더는 가둘 수가 없어
비우지 않으면 더는 살 수가 없어
쏟아내야만 하는 거다

비처럼 마음이며 흐르는 것에는
다 이유가 있단다 무서울 것 없단다

펑펑 울어라

제3장
내 안의 또 다른 나

수수께끼다
나도 모르는 나
언제 찾을 수 있을까?

고슴도치

울타리 속에 있어요
아무리 걷고 뛰어다녀도
쉽게 충돌하거나 움푹 빠지지 않는
나만의 안전한 공간

이 울타리를 만나고
울타리를 넘어도 다치지 않는
가시에도 찔리지 않는 사람
거기 누가 있나요? 내 삐딱함은
나만의 고유한 특성
어쩌면 이미 많이 상처를 입어서
더 날카롭게 변해버린 삐딱함일지 몰라요

오랜 시간 함께 사는 난치병
다가오지 말아요
나의 배려니까

다시 태어나기를

개명을 하고 사진을 찍었다
다시 태어나는 마음으로

사진관을 찾아가 들여다본 거울 속에는
내가 아닌 내가 보인다

희망만을 안고서 걸어온 시간을 뒤로하고
알맹이는 쏙 빠진 껍데기
살아 견뎌낸 세월 모두 흘려보내고
텅 빈 마음 되어 거울 속에 서 있다

감추어진 지난 시간이
이름 석 자로 가려질 거라는 어리석은 착각
또 다른 나로 태어난 슬픈 표정이 아프다

아픔과 시련들은
어떻게 덧칠을 해야 할까?

밤

날카로운 가시투구로 나를 보호했습니다
안전한 껍질 안에서 영글고 영글고 성장했죠
다 자란 후에 날카로운 가시투구를 열어나오니
이 세상에는 달려드는 벌레와 다람쥐와 새들이
기다렸다는 듯이 나를 잡으려 해요
나는 다 성장했고 강해졌다고 믿었는데
운명이기에 살기 위해 나를 벗어내야만 했습니다
정작 누구도 신경 쓰지 않았어요
가시투구 안에 있을 때까지는
온갖 존재들의 공격에 나약하게 휘둘렸어요
누군가 나를 조심스레 꺼내어 땅속에 묻습니다
반질반질하게 윤기 흐르는 아름다운 나를
거친 흙 속에 묻어버리는 마음이 뭘까요?

나는 달콤한 알맹이
남들은 모두 칭송하는데
나를 묻는 그 모습에 입이 삐죽 나옵니다

불타는 검은 꽃을 보았네

절박한 손길
하늘 향해 손을 흔들고
거친 마디의 손이 모자를 꾹 눌러쓴 채로
여린 줄기를 흔듭니다
산비탈 아래서

숨이 막히듯 잡혔지요
터전을 잃지 않으려 해요
여린 줄기는 사력을 다하며
꽃봉오리 터뜨리듯
온몸을 파르르 떨고 있어요

시뻘건 줄기 쩍 하고 벌어지니
쓰디쓴 핏빛의 쓰라림
순백의 꽃으로 피어납니다
파도처럼 왔다 가는 장마철의 밤

누구를 씻어내기 위하여 내리는 것일까요?
흔드는 것인지
흔들린 것인지

하늘 위로 어둠의 냄새가 진동하고
보드라운 나신의 꽃봉오리
한 생애를 봉긋하고 터뜨립니다

비가 그치고 꽃 속에 별 하나 반짝거리며
하늘에서 천사가 내려오는 꿈을 꾸어요

아가야, 순결한 순백의 목련아

필생의 힘을 소진한 듯 피어난 꽃을 쓰다듬어요
꽃 이파리는 때가 절은 옷을 벗어 던지고
바람 따라서 유유히 내려갑니다

눈 막고 귀 막은 숲속에서 피어났네요
흠씬 물에 젖은 몸 정적 속에서 깨어났네요
바람 부는 대로 험한 길 마다 않고
구름처럼 둥실둥실 떠나가네요
껍질 안의 고결한 꽃 이파리
노을 길을 가듯이 불태우네요

무대_환각

몸을 꿈틀대며 방향을 바꾸는 시간
나는 듣고 남은 모르는 음원 소리의 리듬

달빛과 시커먼 먹구름이 흐른 채
외발로 절뚝거리는 절망의 음표들의
매도당한 꿈이 흥분의 오선지 위에서
황홀한 새벽 무대를 연다

오색멜로디 따라 소녀가 춤을 추네
빛나는 별빛 조명 삼아 나도 춤을 추네
소녀는 슬프도록 예뻐 보여
나는 괜찮은 척 웃고 있네

화려한 무대 조명 아래
침대 위에 있는 나는 나를 흔들고
오묘한 두 미소와 춤추는 전율 속에
눈가가 붉게 물들어 간다

영롱한 눈빛으로 신들린
날아가는 천사처럼 소녀가 사라질 때
나는 절정에 도달한다

불안정한 기류 속에서
파르르 떠는
꺼내놓지 못하는 마음의 소리

행복해 보여, 상처가 보여

조명이 어두워지면
소녀를 만나는 기적을 기다린다

가로등 불빛 아래
마음이 텅 빈 사람이 되어

무대_공황장애

내 안에 살고 있죠
이기려 해서도 받아들여서도 안될 것 같아
조명이 켜지면 바라만 봅니다

잡을 수 없고 막을 수도 없어요
나는 움직일 수 없어요

내 손을 잡아주세요
휘청이는 나를 잡아주세요
분리할 수 없어요
놓아줄 수 없어요

나를 잡아주세요
따뜻하게 나를 안아주세요
담벼락이 허물어졌어요
나는 추락해요

겁이 나요
홍등에 비친 여인이 웃고 있어요
꼼짝 못해 울고 있는 나를 보며 웃어요
땀에 젖은 옷, 축축해진 나를 보며 웃어요

무대 위 조명이 꺼지면
검은 눈동자로 나는 돌아옵니다

나타났다 사라지는 물거품 같은 그녀
나는 그녀를 떠나지 않을 수도 있다는
지독한 사랑에 빠져있는지도 모르겠어요

롤러코스터_양극성 장애

오늘도 나는 편지를 받았지
약물복용 설명서 약제 처방전 약물 부작용

때때로 나는 위축되거나
하늘을 나는 것처럼 천사가 되지
달콤한 투병, 시절과의 인연이랄까?
거듭되는 실패와 상실감 같은
혹은, 사랑이라고 말하는 흥분의 문장들.
그 주변 어느 언저리를 맴돌던 날들의 연속이야

롤러코스터를 타듯 쉴 틈이 없어
한쪽으로 오르면 또 다른 한쪽으로 내려가 흥미롭거든
즐거운 하루 소풍 같은 날들을 보내곤 하지
문장의 꼬리표에 연결과 무한 반복 속에서
나를 찾아가는 아름다운 여행길

누가 나를 보고 고통이라 말할까?
누가 날 보고 투쟁이라고 말할까?
신명 나게 살아가는 내 삶이 롤러코스터 위에 있어
곡예는 아무나 하는 것이 아니거든

회피와 인내는 의미를 만드는 시작
이 모든 것은 내 삶의 선물이야

무슨 말인지 혼란스럽다고?

열려라 참깨! 같은 주문을 외워 봐
그 응답은 즉각적으로 달콤한 열매를 줄 테니까
아니, 더 달콤한 열매까지도
혹시, 모르지 어쩌면 가시만 돋아낸 응답이 나올 수도

생각하고 질문하고 반복하는
정상 아닌 비정상의 성장 속에서
살아남고 견뎌낸 자의 혁명 같은 일이야

한숨과 들숨을 반복하는 일
롤러코스터 안에서 방향을 잘 잡는 내가
너무나 이해가 가서

사실은 아파

골든 타임

발작

누구도 말리지 못해
나도 나를 잡을 수 없을 때
온 몸에 가시가 돋아나요
누구도 다가오지 못해요

말릴 수가 없죠
마지막일지 몰라요
생사를 뒤바꾸는 시간
어쩌면 망각의 소용돌이

빙빙 돌아요
나는 어지러워요

가지 말아요
괜찮아요 다치진 않으니까

내 손만 잡아줘요

불면증

새벽 2시
달님이 환하게 불을 밝히고 있다

외로움이 달빛 아래에서
뚜렷이 서서 웃고 있다
어둠의 끝자락을 말아 올리려고
커튼을 펼쳐 닫는다

허허로운 까만 벌판에 서 있는 시간
체온이 차가워지기 전에
실눈을 뜨고 있던 나는
입을 굳게 닫는다

침대 밑 알 수 없는 검은 손이
내 두 발을 이끈다

나는 주문을 외운다
괜찮아 조금만 버텨

청소_강박증

매일 청소를 합니다

흐트러진 물건들 줄 맞춰 세우고 닦아내고
어지러운 방 쓸어내 버려지는 행위들
눈을 질끈 감고 이마에 땀방울 맺혀가며
닦고 또 닦아냅니다

과거 어느 시간으로 돌아가도
찾을 방법이 없기를 바라는 아픈 기억처럼
닦아내고 정리하고 털어냅니다

가슴이 묵직하게 내려앉는 날에는
눈을 감을 때까지 청소합니다

건강했던 몸,
낡아진 기계처럼 쓰여서
손발은 앞다투며 굳은살을 만들어 내요
괜찮아요 청소할수록 마음속 빛이 환해지니까

오늘은 들춰낸 커튼 방구석 모서리에
온몸이 말라 오그라져 있는 거미를 봤어요
스스로 바깥으로 나와 생을 보낸 흔적을 감싸안고
마지막 시간을 보낸 거미를 봤죠

언제부터 어딜 향해 걸어왔는지
어디로 가야 하는지도 모르겠는 나의 삶
그 끝이 거미와도 같을까요?
먼지를 뒤집어쓴 나의 모습을 닦아야겠어요

가벼이 사라질 수 있도록

어항 속 금붕어_어둠에 갇힌 고독

맨드라미 춤추는 산호 숲 사이로
사각이 유리 벽면인 회색빛 도시에 살고 있다
은빛 비닐 날갯짓 힘차 오르면
유리 밖 공기를 마시는 아가미에서
물거품이 보글보글 끓어오른다

아침이면 켜켜이 쌓인 잿빛 먼지 틈으로
오만과 허영으로 물든
트렌디한 드라마가 시작된다

주름진 욕심의 사람들은
거짓으로 가득 찬 얼굴로 붉게 물들고
쏟아지는 거짓과 폭력 섞인 세상의 모습에
맑은 물에서 살고픈 나의 희망이 사라진다

떠다니는 찌꺼기들이
내 몸짓에 엉키는 순간
유리 상자 측면 여과기가 막혀온다
밖을 훔쳐보던 나의 생은
사각이 유리벽인 시한부 인생

고독한 나의 숨이 가득한
작은 집에서 나와
외로이 잠든다

연극

웃으며 헤어진다

현관 문을 열고 들어가면
환한 조명이 꺼지듯
하루 종일 연기한 드라마가 끝난다
드라마 채널이 바뀌듯 문밖의 나를 잊는다

하나가 아닌 둘인 것 같은 망상
시소를 타듯 힘차게 올라갔다
내려오는 나를 흔드는 에너지

수수께끼다
나도 모르는 나
언제 찾을 수 있을까?

알 수 없는 2인칭
혹은 3인칭의 나
살기 위해서

침묵의 방

사방의 벽면이 젖어 축축하다
찬 바람마저 문틈 사이로 들어와
피부가 젖는다

문풍지에 울어댄 많은 비
흙먼지로 가득한 세상
창문 언저리 먼지 무성한
말할 수 없는 침묵의 자리

간밤의 비는
아스팔트 길가 피어있는 들꽃만을 연상케 하고
검은 먼지 뒤집어쓴 풀잎을 파랗게 물들이고 있다

고요해서 아무도 볼 수 없는 곳
한 생애를 패잔병같이 축 늘어져 있는
이파리들 같은

나를 꺼내줘

제4장
이별 그 뒤

변함없이 당신이군요
뜸 들이다가 메시지를 확인해요
미안해요

마지막 잎새

바람이 오기 전부터
슬픔이 출렁거렸다
떨어질 것이 무서워

그대를 떠나 사라진다는 것이
두렵기만 해

끝내 그대의 손을 놓지 않았는데
나를 체념하게 한 것은

바람도 두려움도 아닌
슬픔의 무게 더한 눈물 때문이었다

불구가 되어 저문 삶
한 생애 지나가면
다음 생이 올까?

다시 또 절절히
그대를 사랑할 수 있을까

착각

그대가 떠나갑니다
식어버린 반쯤 남은 커피잔
낯설지 않은 뒷모습으로
한걸음 한 걸음씩 멀어집니다

나는 눈을 감습니다
그대 만질 수 없음은
내 숨이 끊어지는 일
사랑의 패배를 말합니다

그대라는 세상을 배회했던
정당하지 않았던 나의 무모함
떠난 그대의 자리에서
휘청휘청 진창 속을 걷습니다

슬퍼서 너무나 슬퍼서
감히 쳐다볼 수 없었던 내 사랑
밤하늘 반짝이는 별빛들 바라보며
밤이 되면 눈이 부셔 잠 못 이룰 텐데

그대가 반짝이는 별 같다던
나의 두 눈을 적시고야 말고서
오늘 밤 나는 눈감아야 할까요?

해가 질 무렵 노을이 시작되면
나는 고독이란 외줄을 타고
차가운 밤이 되면
나는 그대 마음의 전복을 꿈꾸겠죠

불같은 나의 뜨거운 희망으로
그대를 벌줄 테니까

목련

꽃샘바람이 불어옵니다
톡 톡 터지는 봉우리 피어나는
향기 짙은 사연 속 기억들이

지난겨울 새하얀 눈꽃 피워내듯
봉긋봉긋 눈부신 고운 드레스
고운 자태로 피어납니다

우리가 나누었던
사랑의 언어 같은
연둣빛 잎새 위로 돋아낸
아름답고 짓궂은 사연들

흰 날개를 펼쳐내며 익어간
하얀 봉우리 터진 밤하늘

꽃송이 피워내며 나누었던 사랑
그대와 나의 광대함은
우주 같이 넓은 사랑 아니겠습니까?

그대여
기억하고 계십니까?
따스한 봄날의 시작과 함께
외로이 낙화하는 애달픈 운명을

남몰래 눈물 떨구듯 떨어지는 그 순간
불타버린 검은 꽃의
무수한 꽃잎의 사연들을

멀어지는 그대를 보며

되돌아볼 힘이 없어서
지나온 모든 시간을 생략한 채
나는 앞으로 달립니다

떨리는 두 손으로 흔들리는 마음을 잡고
힘있게 가속 페달을 밟습니다

기억의 파편들과 아픈 잔상들만 남기고
듬성듬성 산을 지나 도망치는 길입니다

숲의 아름다운 풍광을 마다하고
한점 여백 없이 달리는 길

이따금 샛길로 빠지고 싶은 마음
낡은 기억들이 불룩불룩 튀어나올까 봐
고스란히 생략된 이 길을 달려갑니다

섬

나는 섬이 되었습니다
수만 리 물길을 부유하던 파편들이
은빛 해변 작은 돌섬에 가두어 놓은
멍에가 되었습니다

플라스틱 조각으로 상처 낸
파편을 삼킨 고래와 상어처럼
비닐 조각으로 가두어버린
아물지 않은 상처와 쓰라림을 가둬버리는

순례자들 눈앞에 아른거리는 신기루처럼
망망대해를 떠다니던 기억의 파편들을 가두어
망각의 세월 속에 갇혀 눈멀게 하는
나는 섬이 되었습니다

신음하고 있는 바다와 마주하는
수백 년 해풍을 막아온 적송 비늘처럼
갈라진 피부 떨어져 나간 채
늑골의 뼈가 드러난 채 신음하고 있는

외로운 골방에 있습니다

각인

서로의 몸을 놓지 못해 뒤척였던 밤
엉킨 입술 사이로 거칠게 토해냈던 숨소리
서로의 품을 거칠게 오고 갔던 숨결 만큼
쌓여가던 우리의 지난날들

몸속 깊이 파고드는 보드라운 그대의 살결도
메마른 입술을 뜨겁게 불태우며
가쁜 숨 몰아쉬던 날
새벽 소낙비만이 열기를 식혀주었죠

아름다운 풍경이라던 나의 육신을
놓치기 싫은 내 모습을
그대는 시의 향기로 그려냈지요
거짓말처럼 다가와
거짓말처럼 꺼져버린 순간들

당신이 없는 지금
당신 떠났던 그날의 아침이 인사를 합니다
가시 같은 햇살에 눈뜨기가 무섭게 내 몸은
각인되었던 온몸의 감각들을 찾습니다

당신을 찾아 여행길에 오를까요?
고장 난 시계 속에 잠든 당신을 깨워서
마지막 여름날 꿈을 속삭여주려고

숱하게 멍이 든 자리
뜨겁게 끓는 핏물과도 같은 우리의 사랑

아직 사랑하고 있는
나의 모습들이 보이시나요?

지금 그대는

그대여
밤이면 곁으로 가
서성이며 지켜본
날 느끼셨을까요

밤새 내리던 빗소리
그대 곁에서
그리움이란 이름으로 깨우던
목소리를 들으셨나요

먼동이 밝아오면
그대를 만날 날이
하루 더 앞당겨질 거라는 것을

나만의 그대에게
줄 수 있는 건 사랑뿐이라는 걸
알고 계실까요

원하고 원망하고

내 인생의 밤을 노래해요
그날의 그 밤을 세세하게 그릴 수 있어요
상상력을 더해서 빛나는 눈으로 사기를 충전해
그날의 밤을 세세하게 그릴 수 있어요
밤하늘의 별처럼 빛이 나도록
거친 파도에 몸을 던져 싸우듯
각인된 그대와 나의 숨결
그 밤을 그릴 수 있어요

나는 절대 죽지 않아요
왜 숨을 쉬고 있는지
수수께끼 같은 사연들을 풀고
미로 속을 헤매던 길을
지난 내 사랑의 진실을 깨닫기 전에는

몸살 난 속앓이를 할지라도
나는 절대 죽지 않아요

사랑

어느 날 내 인생 속으로
무모하게 걸어 들어온 그대
겨울 들판을 걸어온 내 삶을 아파하였지
온몸이 감기는 그대 목소리
뒤섞이는 시선과 마음의 포옹

저녁 어스름 속 황혼의 들판에서 온 편지처럼
눈물 속에서 읽어간 우리의 사랑
가슴 속에 서로의 마음 접어 넣으며
내 살인 듯 내 피인 듯 소중하였네

눈물로 만들었던 내 생 가운데
또다시 눈물의 나날들
오랜 세월 지난 빈들에 나가
비로소 투명해지는 사랑이여

따스했던 봄날,
길 떠난 나비를 기다리는 마음처럼
애틋하게 기다리는 꽃처럼
봄볕에 함박웃음 터지는
그날을 기다리네

대답 없는 날들

변함없이 당신이군요
뜸 들이다가 메시지를 확인해요

미안해요
내 목소리는 반칙이라서
늘 안부를 글로만 받아요

내 존재가 확인되는 순간
당신의 언어가 내 마음을 투영해요

그림으로 시로
노래이면서 눈물이에요

아픈 길모퉁이에서
내 마음이 당신이 존재하는 곳에
한참을 서 있어요

오늘도 말없이
무심한 듯 바라만 봐요

흔적

노력하면 될 줄 알았다
그대가 갈증을 느낄 땐
내가 따스한 한 모금의 물이 되고
그대 마음 심란할 땐
고요함을 나누어 줄 줄 알았다

솔가지에 쌓이는 눈처럼
하얗게 덮어주면 될 줄 알았는데

그대의 갈증은 너무 깊고
그대의 마음은 너무나 아팠나 보다

함께 섞일 수 없는 것들
봄비가 내려 얼어붙은 대지에서
드러나는 것은

조금은 아프고 쓸쓸한
떠나간 그대가 남긴
기억의 퇴적층이다

아름다운 아픔을 느끼며

붉은 마음 한 움큼 움켜쥐고서
보내기 싫은 한 계절의 끝자락을
빈 주머니에 깊숙이 넣는다
손끝이 시린 날에

모든 사랑과 추억과 그리움의 사연들은
내 가슴 어딘가 살겠지만 언젠가 잊혀진다는 것
당연할지 모르는 일들에 내 가슴이 저려온다

함께 걷는다면 참 좋을텐데
때론 짐까지 들어주면서

붉어진 계절 뒤로 차디찬 바람이 불어오면
바람은 언제나 당신의 등 뒤에서 불고
당신의 얼굴엔 항상 따스한 햇살이 비추길

내 아픔이 클지라도
그대 계신 그 자릴 지켜주시길

그대라는 별

쓸쓸히
혼자 있는 날
하도 깊숙이 숨겨놓아
꺼내기가 힘든 별 하나가 있다

밤이면
수많은 별들이 반짝이고
새벽이 오면 별들은 사라지지만
사라지지 않는 나만의 별

하늘을 올려다보지 않아도
내 마음 움직이며
눈물이 나는 까닭은
가슴 속에 그대를 묻어서일까?

이유 없는 몸살에 시달리다가
떨리는 손으로 달력을 본다
마음이 어두워진다
오늘따라 더 반짝이고 있다

숨이 멎을 것 같다
그대라는 별은 나를 일으켜 세우지만
오늘 밤은 하얀 눈가루가
왕창 쏟아졌으면 좋겠다

사랑의 시작은 외로움

뾰족함을 숨기지 못하겠다
가끔 비집고 나와서는 나를 찌르는
날이 서 있는 송곳

늘 마음 비웠다고 생각했다
조심하려 애를 쓰지만 앙탈을 부리고 있는

어쩌다 불쑥 튀어나온 당신의 말이
나의 가슴을 찌른다

마음 준 적 없는데
혼자서 자라버린 손톱처럼
늘 내 마음을 할퀴고 있다

꽃샘추위에 칼바람 스며들고
붉어진 마음 쓸어내는

꺾지 못할 순애보다

외줄 타기

환상 속의 외줄에 매달린 꿈을 꿔 본 적이 있다
검붉은 무대 위의 외줄 타기
숨이 가쁘고 아슬아슬하게

하늘은 내게 이따금
꿈꾸는 무지개 껍질을
엉킨 전선 위로 걸어둔다

주체할 수 없는 감정의 요동
끊임없이 추락할 것만 같은
나의 몸부림을 본다

슬픈 감정을 속이면서
나 홀로 아닌 척하며

제5장
함께 한다는 것

내 마음 하나 얹어 놓으면 안 될까요?
꽁꽁 얼어 서로 부둥켜안기를 바라는
내 마음 하나를

구절초

혼자였지만
둘이였네

아무도 찾지 않는 깊은 산길에
벗겨버릴 대로
다 벗겨버리고

씻어버릴 대로
모두 씻어버리고
남은 건
작은 시심
한 조각

햇살

창문을 비집고 들어와
나를 반긴다

나뭇가지 사이
연둣빛 이파리에 햇살 조각들

팔랑팔랑 손 흔들며 배시시 웃으며
내 품에 들어온다

어느새 내 품을 파고들어
톡톡 내 가슴의 두드림

감겨드는 햇살에
나도 웃는다

애써 불러 모으지 않아도
바람처럼 깃드는

연둣빛 사랑이여

달팽이

들판 위를
느릿느릿 혼자 걷는 길

아까부터
누군가 따라 오는 것 같아
살금살금 기어 가다가

돌아보고 또 돌아보다
조그만 안테나를 하늘 높이 띄워 올렸지

내가
걷는 들판은 꽃속이었네
나를 따라 나선 건
꽃술이었네

빗속의 장미

비가 내리면
그대 생각이 난다

창밖으로 보이는 붉은 장미
꽃잎 위로 나의 손이 닿으면

지난날, 보드라웠던
그대 숨결 느낄 수 있을까?

소나기에 젖은 손
그리움은 철철 흐르고
내 마음도 따라 젖어만 가네

비가 오는 날에는
푸른 잎사귀에 맺힌 그리움
그대 손목을 다시 잡고 싶은 날

비에 젖을수록 그대 향기 짙어지고
우리들의 추억은 그리움 속
꽃 한 송이로 피어나네

가을의 뜨락에서

시려오는 추위
견딜 수 없어
서산마루 노을이
불을 질렀나?

빨강 노랑 불꽃

활활
타오르는
가을 나무들

고목

산을 오르다
나무 한 그루를 바라본다

위엄 있는 자연의 모습이
생명이 꺼져가는 형상 같다

앙상한 마른 나뭇가지가 되어
서 있는 쓸쓸한 인간의 얼굴
호방한 기상을 펼치며
생과 죽음의 경계를 오가며
살아온 흔적들

들꽃들도 잠들고
나무 이파리들도 흩어진다
춤과 노래가 끝난
사계절의 무대가
막을 내린다

참 서럽겠지만
잘 지냈냐고 묻기엔
딱히 할 말도 없는,

나무는 눈을 감는다고
잠이 오는 건
아니라고
말할지도 모르니까

봄날의 호수

먼 길 돌고 돌아 넘어온 햇살에
안개는 회환이다가도
체념한 듯

기다려준 나의
카메라 앵글 앞에
붉은 태양 해씨를 내준다

차디찬 얼음을 녹일 것만 같은
횃불처럼 빛나는 아침
이제 막 겨울잠에서 깨어난
봄이 고개를 내민다

저 멀리
경계를 허물고
먼 데 산 그림자 내려와서 호수에 발 담그면
오리들도 두둥실 날아오를까?

겨울 자작나무 숲에 서서

눈발이 흩날려도 나무는
제 속에 감춘 비밀을 말하지 않는다

가을과 겨울 사이
사랑과 이별 그 운명의 경계에서

바람이 미는 대로 나뭇가지 흔들어
낙엽을 떨어내도

찬바람 휘몰아치는 겨울 눈밭에
일렁이는 강물에 휘청거렸던

자작나무 숲에 나를 감추고
변함없는 사랑 앞에
나는 서련다

함께 한다는 것은1

연두
이 봄의 처음 이파리
아스라이 피어나는
봄의 설렘

뒤척이던 겨울을
이겨낸 뒤로
앞서거니 뒤서거니
함께 한 우리

혼자서 피워낼 수 없는
사랑의 풍요

혼자가 아니라
모두가 함께 하는
사랑입니다

함께 한다는 것은2

강물에 비치는 나무 한 그루
길가에 자리 잡은 유채꽃 길이

오늘은 어떤 그림을 그려
카메라 앵글 잡은 나를 부를까?

가지마다 핀 꽃일까?
하늘하늘 억새 풀 푸른 잎일까?

자연이 그려준 그림이 사라지기 전에
그대와 함께 하는 이 푸른 봄날

나 홀로 아닌 그대와 함께라면
참 아름다울 텐데

안개 속으로

안개 속의 풍경이
혼돈스럽다

보이는데
볼 수 없는 회색도시다

누군가
일상의 삶을 뒤로 하고
안개 속으로 들어간다

그를 따라 들어간
안개
그 하얀 그리움

가을 수채화

낙엽이 떨어지는 것은
별이 되는 일이다

별이 된 낙엽들이
바람을 타고 하늘을 날다
지상으로 내려앉는다

떨어진 별들은 볼수록
아득히 멀어지는 그리운 얼굴들 같다

행간과 행간 사이 까만 밤마다
달빛이 윤슬 되어 출렁거리면
붙잡고 싶어지는 가을 수채화

일렁이는 물결에 띄워야지
별들의 춤사위가 일렁거리는
강물 위로

아침

어둠이 끌어내린
고요가 깨질 것 같은 예감에
산들은 가만히 귀를 세우고

호수는 하현달 기운 자리를
쏟아져 내리는 밤안개를 채워가는데

무겁게 내려앉은
새벽 침묵에 묶인 낚싯배
아직은 덜 깬 잠 속에서
만선의 꿈을 꾼다

흔들흔들

유년의 꿈

연초록 잔디밭에
날아간 노란
나비처럼

옹기종기
모여있는 아이들
섬광처럼 반뜩이던
까만 눈동자

아득히 먼
유년의 꿈

자작나무 숲에는 그리움이 있다

눈 내리는 날
당신이 몹시 보고파서
언젠가 함께 걷던
자작나무숲을 향했습니다
자작나무 숲에도 눈은
집요하게 내리고 있었어요
앙상한 가지 위에
내 마음 하나 얹어 놓으면 안 될까요?
꽁꽁 얼어 서로 부둥켜안기를 바라는
내 마음 하나를

도무지 알 수가 없습니다
바람에 날리는 것이 눈인지 나인지
아니면 당신인지

비상

밤바다에
뱃고동 소리 울리면
갈매기는 힘찬 날갯짓
비상의 꿈을 꾼다

수평에 떠오르는 일출에
밤새 바다를 훑던 선단에서
어부의 손이 멈춘 뒤
점점이 피어오르는
파란 새벽하늘의 갈매기
하얀 날갯짓

시인의 산문

홀로 아파하는 이가 있다면

누군가 내게 그 사람이 누구냐고, 무슨 일이었냐고 물어볼 때마다 나는 차라리 입을 닫는 것이 낫다고 생각했다. 회오리치듯 떠오르는 얼굴들과 사연들이 많기 때문이었다.

학창 시절, 친구들과 공원에서 놀던 어느 날이었다. 나는 게임에서 진 채 왕따가 돼버리고 벌칙을 받았다.
멍하니 서서 큰 두 눈만 깜빡대고 있던 나를 친구들은 힘이 아주 쎈 큰 소가 되어 나를 끌어가 한 대씩 머리채를 잡고 폭력을 행사했다. 밀쳐지고 짓밟혔던 기억.
벌칙이 끝나고 나면 공원에 굴러다니는 공처럼 버려지곤 했던 날들이었다. 요즘 사회에 '학교 폭력'이란 말은 너무나 쉽게 회자가 되지만 그 당시에는 흔치 않았던 일이었다. 지금 생각해보면 그들은 왜 폭력으로 나를 가두려 했었던 것인지 의문이 든다.

해가 저물면 부모님이 안 계신 텅 빈 집 대신 동네 놀이터에서 혼자 노는 일에 익숙했었다. 하필이면 그날, 알 수 없는 힘에 의해 다시 또 폭력에 노출이 된 경험이 있다. 어린 마음에 죽음의 공포까지 느꼈던 기억이 난다. 내 나이 열두 살 때.
이후에 그때의 장면 장면이 문득 떠오르는 악몽에 시달리곤 했다. 기억상실처럼 그 공포의 장면들이 연결되어 생각이 나진 않는다. 기억상실증이었다. 학창 시절 모든 일에 담담한 태도로 대하며 졸업을 했지만 나는 늘 사시나무 떨리듯 마음앓이를 했었다.

나에겐 졸업앨범이 단 한 개도 없다. 누군가 웃으며 물었다.
"학교 다닌 것 맞아?"
졸업할 때마다 나는 나를 괴롭힌 아이들에게 복수했다. 그것은 앨범 속에서 웃고 있는 친구들의 사진들을 검게 칠해버리는 행동이었다. 졸업을 하고 나서 우연히 앨범을 보시던 아버지는 내 두 종아리가 시퍼런 멍이 들도록 회초리를 들기도 했었는데 아프지 않았던 건 그만큼 내 마음이 굳어 있었기 때문이었다.

고등학교를 졸업하고 나는 큰 해방감을 느꼈다. 처음으로 만났던 이성 친구는, 내 손을 잡고 싶은 행동 하나하나 물어가며 허락을 받고 대할 정도로 날 아껴줬다.

그와 난 꽤 오랜 우정과 풋풋한 첫사랑의 느낌으로 지냈다. 사람을 이렇게 소중하게 아껴주기도 한다는사실이 차가웠던 내 가슴을 녹였었다. 하지만 어느 날 갑자기 전해진 비보. 친한 후배의 문자 메시지.
'새벽에 형이 연구실에서 심장마비로 사망하셨어요.'
자신의 연구실에서 돌연사로 세상을 떠났다는 소식은 믿기 어려웠다. 처음 누군가에게 느꼈던 설렘과 따뜻한 사랑의 감정들은 지난날 나의 아픈 기억들을 보듬어 주는 기쁨이었다. 나는 그 기쁨을 하루아침에 잃었던 것이었다.

그를 떠나보낸 충격으로 한동안 말을 잃었었다. 실어증 환자처럼 아무런 감정을 표현하지 못했다. 어린 시절 폭력 가해자들에게도 겁이나 아무말 못했던 것처럼. 집으로 돌아갈 적엔 먼지 툭툭 털고 들어갔던 것처럼 그의 사망 사건에도 눈물조차 흘리지 않았다.
충격은 컸다. 그리고 난 알게 되었다. 감정을 표현하는 데 바보가 되어버린 나를. 거의 기억나지 않는 학창시절의 삶에서부터 수많은 비정상들이 모여 내가 되어 있었던 것이었다.

문득 뒤를 돌아보면 성장하면서 나를 알아갈수록 나는 '살아남은 자의 슬픔' 그 자체였다는 생각을 하기도 한다. 그 치유의 방법을 찾기 위한 과정들은 잃어버렸거나 혹은, 잊고 싶은 나의 기억처럼 조각난 자아를 완성하기 위한 여정이었다. 나는 나이를 먹어가면서 가족관계나 사회생활, 여러 인간관계에서 오는 문제들과 함께 나를 공부해야 함을 느꼈다.

분열된 나의 자아. 조각난 퍼즐을 맞추는 과정들은 심리 상담과 트라우마에 관한 저서들을 찾아 공부했다. 나와 같은 폭력이나 학대를 당한 여성들을 보호하거나 상담해주는 기관을 찾아다니며 상담을 받으러 다니기도 했다.

20대 후반이었다. 여성폭력 상담소를 찾은 기억이 생생하다. 그때의 기억은 충격 그 자체라서 잊을 수가 없다. 상담을 맡았던 담당자는 나의 지난 아픈 기억들과 힘들었던 이야기들을 듣고는 손을 잡아주며 안타까워했다. 그리곤 자료실에 들어가 보여줄 게 있다며 두터운 서류들을 가져와 꺼내 보였다. 수백 페이지가 넘는 분량의 신고사례들, 피해 여성의 폭력 증거 사진들이었다.
그 사진들 속에는 피멍이 온몸에 들거나, 머리가 뽑혀있거나 말로는 표현 못할 수위의 여성들의 사진들이 있었다. 차마 끝까지 볼 수가 없었다. 보는 것만으로도 내 몸은 통증을 느꼈다. 수많은 아픈 사연들이 귓전으로 들어오는 기분을 느꼈다. 당시 그 상담자는 이런 피해자들도 있는데 내 경우는 작은 일에 불과하다는 식의 이야기를 했었다.

나는 내 발길을 스스로 돌려야 했다. 목소리를 차마 내질 못했었다. 피해를 입은 자들에도 그 경계와 단계별로 나누어진다는 것이 어린 나에게는 이해가 되질 않았다. 이제 현실이라며 발길을 돌리던 내게 힘들면 또 찾아오라는 인사를 들으며 절망스러운 세상이란 생각뿐이었다.
피해자는 목소리를 제대로 낼 수 없는 세상이었다.

나를 상담해줬던 담당자는 나의 이야기들을 들어가며 앞으로의 상담 치료를 권했으나 웬지 모를 실망감만이 엄습했다. 내가 타인에 의해 좋아질 것이란 생각을 접게 된 것이었다. 폭력 피해자인 내게 다른 폭력 피해자들과의 비교는 있을 수 없는 일이고, 기본 자질이 되어 있지 않는 태도라고 생각했다. 나는 다시는 그곳을 방문하지 않았다.
언제부턴가 뉴스를 보면 폭력 사례 뉴스가 쏟아져나오기 시작했다. 어릴 때 보았던, 내가 아픔을 감수해야 했던 일들이 사회뉴스면을 장식하는데, 티브이를 못 볼 정도로 트라우마에 시달리고 있는 나를 발견하게 되었다.

"도대체 왜 시간이 흘러도 기억은 선명해지고 갈수록 더 아파해야 하는가?"
나는 나 스스로 나를 치료해야겠다는 다짐을 했다. 아무것도 모르는 내가, 아무 대책도 없이.

우선 심리치료와 정신 의학 상담을 받으며 공부를 시작했다. 약물의 도움을 받기도 했다. 전문가들의 조언을 들어가며 스스로 알 수 없는 질문들에 답들을 찾아가며 나를 알아가는 여행길에 올랐다.

나는 궁금했다. 마음이 아픈 이들이 왜 목소리를 내지 못하는지, 왜 사회는 그들을 보호만 하고 감추려 하는지, 왜 어두운 일들은 적극적으로 밝은 곳으로 이끌어내지 못하는지를 끊임없이 질문해댔다. 책을 통해, 상담해주는 이들을 통해 비슷한 사례의 이야기를 듣거나 심층적으로 다루는 다큐 프로그램도 집중해서 보곤 했다.

사람이 물에 빠져도 '사람살려' 소리를 내야 누군가 구해주기 마련이다. 자신을 드러내지 못하고 감추려고만 하는 폐쇄적인 태도. 그게 바로 나였고. 그런 이들이 많다는 것을 알게 되었다.

정신신경증이나 트라우마로부터 시작되는 환자는 단순히 마음만이 아프거나 우울한 것이 아니다. 내 경험상으로 미뤄보면 내과적 증상까지 합병증처럼 번져 갈 수밖에 없는 상황에 놓이는 구조적 파괴가 시작된 것이란 생각이다.

그리고 그것은 사회생활과도 밀접한 영향을 주기에 문제가 자주 발생할 수가 있거나, 혹은 사회로부터 분리되어 고립되기 쉬운 환경에까지 놓인다. 그러므로 도미노처럼 문제가 문제를 낳는 식으로 많은 부분에 영향을 끼친다.

외로움과 고통은 고립 속으로 밀어 넣는 지름길이다. 벼랑 끝에 서 있는 사람의 손을 누군가가 잡아주거나 하는 일도 중요하지만 제일 큰 힘은 자신 스스로가 일어설 수 있어야 한다. 병원을 다닌다고 해서, 상담을 받고 약물의 도움을 받는다고 해서 좋아지는 일이 아니란 걸 나는 체험했다. 문제를 안고 살아가는 당사자와 그 가족, 가까운 인간관계로서의 즉, 결국 더 나아가 사회문제로 번져나가는 것이다.

가끔은 바람이 부는 방향대로 내 마음이 향하는 대로 내 육체의 건강도 따라갔다는 것도 피부로 느꼈다. 내 내면을 지키지 않으면 어김없이 찾아오는 눌림. 여전히 조심스럽게 인간답게 사는 것, 그리고 깊은 쉼과 회복을 위한 방법을 찾기 시작했다. 상담이나 치료 약물만이 아닌 다른 곳에서의 발견이 필요했던 것이다.

마음이 어두웠던 시기에는 거울을 보는 일이 힘들었다. 조명이 밝은 곳을 싫어하기도 했다. 하지만 어느 날 문득 나는 나를 가리고 있던 마스크를 벗고 밝은 곳으로 발걸음을 돌리기 위해 좀더 적극적으로 변하기 시작했다. 살기 위해서. 과거와의 이별을 위해서.

우선 과거와의 마주보기가 필요했다. 말 그대로 담담해지는 훈련과도 같은 일이었다.

트라우마를 뉴스를 통해 마주치거나 길가의 사람들, 지인들이나 친구들의 만남 속에서 예상 밖으로 내가 겪었던 이야기들을 들을 때면 나는 감정이입이 되기 일쑤였고 그런 날 집으로 돌아오면 잠을 못 이루며 힘들어했다.

어느 날엔가 나는 나를 이인칭 시점으로 바라보는 연습을 해보기 시작했다. 나를 객관화시키며 내가 아닌 내가 되어 나를 바라보며 관찰하기를 한 것이다.

쉬운 것도 아니었고 쉽게 되는 연습도 아녔다. 대부분 자신만의 고통은 주관적으로 느끼기에 보통의 사람들, 특히 마음이 아픈 사람들은 객관화시키기가 어렵기 때문이라는 것이 내 생각이다. 그 훈련과도 같았던 내 마음의 자세는 지난 아픈 상처를 보듬어줄 여유를 갖게 해주는 방법이었다.

사람들은 대부분 닥친 문제에 대해 객관성을 잃기 쉽다. 특히 어떠한 폭력이나 트라우마와 같은 상처를 입은 환자라면 얼마나 괴로울지 나는 잘 알고 있다.

지난 일들을 계기로 나는 평생 배움의 공간에서 지내는 것 같기도 하다. 현재 나는 병원이나 나를 아는 사람들과 지인들의 만남이나 대화, 세상의 벌어지는 일들을 볼 때면 내 스승을 보듯먼저 배울 것을 찾는 데 주력한다.

길가의 자연도, 때때로 마주치는 길고양이, 주인과 산책 나온

강아지들처럼. 동물들을 볼 때에도 배울 점이 많다. 질서를 배우고, 사랑을 배우고 맑고 정직함을 배우기도 한다. 그리고 변함없이 곁에 있어 주는 진실한 마음을 배우기도 한다.
세상을 경계하고 질문만 던졌던 나였지만, 문제를 수용하거나 배우고 나를 객관화 시키며 내가 타인과 사회를 대함에 있어서 긍정적으로 변하기 시작한 것이었다.

꽤 긴 시간 동안 함께 느낀 것 중 하나는 이 모두가 나의 용기였던 것 같다. 폭력이 난무하는 이 세상에서 내가 나답게 나를 지키며 살려면 용기가 절실히 필요함을 느낀다.
때로 힘든 일이 닥치면 잠시 나와 떨어져 문제를 바라보고, 그로 인해 내 마음이 잠잠해지고 고요해진 채 내 내면중에 미숙하고 왜곡된 부분을 볼 수 있는 일은 매우 중요하다.
완벽하고 특별한 위치에 있어야만 사람이 그런 자세와 용기를 가질 수 있는 것은 아니다.

나는 자연에서 용기를 배운 것 같다. 매일 똑같이 떠오르는 해, 아름답게 저무는 해. 묵묵히 떠 있는 태양도. 태풍처럼 쏟아지는 비와 비 그친 날의 하늘. 변함없이 서 있는 나무들. 변함없이 건재한 모습을 보여주는 자연은 참 위대하다는 생각이 든다.
사람들의 모습도 자연 같다면 어떨까?

이제 나는 스무 알이 넘었던 약물들을 거의 줄이고 폭력이나 사회 문제에 촉각을 세우며 관심있게 바라보는 담담한 내가 되었다. 그리고 무언가 사로 잡힌 사명감이 생겼다. 그것은 펜을 쥐고 글로 나를 담담히 써 내려가는 일이었다.
어쩌면 내 마음과 온 마음을 다해 손끝으로 나의 이야기를 직접 써내는 일은 크나큰 용기가 필요했다. 누군가는 넋두리처럼 보일 문제나 이야기들로 볼 수도 있을까 싶은 생각은 오래전에 버렸다.

때로는 일기처럼, 낙서처럼, 써놓고 종이를 구겨 버리기 일쑤였던 적도 있었지만 난 포기하지 않았다. 지난 과거나 과오같은 것들을 서랍에 넣어두고 시간이 흐르면 다시 꺼내보곤 했다. 그리고 또 시간이 지나면 다시 꺼내 글을 이어 쓰곤 했다. 그 시간들이 몇 해를 거듭해 이제는 내 곁에 두고 펼쳐보거나 읽고 지난 생각과 지금 느끼는 내 생각의 변화를 비교하기도 한다. 그 행위들은 내 자신이 얼마나 성장했는가를 확인할 수 있는 귀한 시간이기도 하다. 나를 안아줘야 비로소 타인의 삶을 이해하고 세상을 사랑하게 됨을 깨닫게도 되었다.

그렇게 시작한 글쓰기. 내가 경험했던 일들, 내가 표현하지 못하고 용기 내어 말하지 못했던 무의식 속의 나의 목소리들.

그동안의 노력들로 인해 내게 시와 문학은 서툴거나 아팠던 마음에서 치유의 힘을 얻게 해줬고, 당당한 나 자신 그대로의 용기를 얻게 해주었다.

나는 마음이 아픈 이들의 손을 잡고 싶다. 그 손을 잡는 힘은 시와 문학이 될 것이라고 나는 믿는다. 누군가 홀로 아파하는 이가 있다면 아프지만 성장할 수 있음을 전하고 싶다. 희망을 잃지 말기를, 용기를 가질 수 있기를 진심으로 바라는 마음이다. 절망 가운데 표현한 많은 것들은 실은 마음속에서 희망을 찾고 있었다는 반증이기에.

이제 나는 시와 문학으로 세상에 손을 내민다.
어디선가 소리 없이 울고 있는 이에게, 희망의 끈을 놓지 않기를 바라는 이들에게, 나 자신을 잃어버리고 방황하고 있는 이들에게.

모두가 사랑하고, 손을 잡아주기를, 어두운 늪에 빠지지 않기를 간절히 바라는 마음으로.

내 안의 또 다른 나

발행일 2025년 11월 17일

지은이 이도하
발행인 이정하
펴낸곳 마음시회

등록 2021년 4월 12일(제021-00012호)
주소 서울시 마포구 월드컵로 41-1 정일빌딩 4층
전화 02) 336-7462
팩스 0504) 370-4696
이메일 maumsihoe@naver.com

ⓒ이도하 2025

값 13,000원
ISBN 979-11-989702-6-8 (03810)

잘못 만들어진 책은 바꾸어 드립니다.
이 책의 판권은 저자와 마음시회에 있습니다.
양측의 동의 없는 무단 전재와 복제를 금합니다.